Vericuetos del amor

2011

Primera edición: 2011

ISBN: 978-1-257-96308-9

A mis padres, Bienvenido y Myrna, forjadores.

A mis hijos, Urayoán y Bayoán, mi orgullo.

A mis hermanos(as), extensiones de mí misma.

A los amigos(as) de siempre.

A todos y cada uno por ser parte de cada palabra, por creer en mí.

En aras de esa fuente inagotable...

A su vivo recuerdo.

INDICE

Prólogo

Los *Vericuetos del Amor* son divinos y tortuosos al mismo tiempo. Es una senda accidentada que todos atravesamos, todos bajo circunstancias particulares y resultados diferentes. No podemos evitar que nos hipnotice con sus dulces susurros. ¿Y qué de la luz que irradia de nuestra alma y se refleja en nuestros rostros? Pero no todo es hermoso y, a veces, caemos, salimos lastimados y en cada lágrima derramada un poco de cada uno se va. Juramos y perjuramos que ya nunca más se repetirá. ¡Ah, pero el amor y sus encantos...! Nuestros labios quedan sellados, unas veces por un beso, y otras por el dolor. Al fin y al cabo, igualmente sellados.

Yo, como tú, he caminado en llanuras, me he deslizado en vertientes, he escalado montañas, e incluso me he arrastrado en oscuros pasadizos sin otro sentido que el del tacto... a oscuras, a tientas, siguiendo mis instintos. ¡Ay... los vericuetos del amor...! ¿Quién no conoce de ellos? De los míos, de los tuyos, y de tantos se desprenden estos versos que comparto contigo.

Calla corazón

Calla corazón
controla tus latidos
no es posible andar
en carrera vertiginosa
tras tal y cual ilusión.

Calla corazón
no comprometas mi fuerza
no tires abajo mis muros,
no me expongas a la ligera
a las inclemencias.

Calla corazón, calla.
Sé sosegado,
sé paciente,
sé cauteloso...
No me delates corazón.

Si llevo puesta la máscara
de la fortaleza
no abras mi pecho sensible.
Calla corazón, calla,
y deja que hable el silencio.

A ciegas

En la oscuridad
no le puedo ver.
Bajo la intensa luz
quedo a ciegas.
Siendo así,
cierro los ojos
y avanzo por el camino,
una mano en el corazón
extendida la otra,
siguiendo mis sentidos.
Y vuelvo a mis andanzas
con tus brazos
cobijando mis recuerdos.
Como único equipaje
una maleta de sueños rotos.
"¿Te quedas?"-
atino a preguntar,
con un profundo silencio
como única respuesta.

INQUEBRANTABLE

No puedo, es imposible,
mudar la piel tantas veces
sin terminar siendo amorfo.
Mi espíritu, ¿inquebrantable?
¿Conserva acaso la misma fortaleza?

INQUEBRANTABLE

Y... ¿es cierto acaso
que el golpe sea tan certero
que obligue al caído a abrirse
cambiando de piel, renacer,
desnudando el alma y el cuerpo?

INQUEBRANTABLE

¿Y las cicatrices?
¿Y la piel rasgada?
¿Acaso se puede hacer un envoltorio
de crudezas insospechables
y dejarlas a un lado?

INAUDITO

De tanto deshojar, deformar,

unificar y separar,
dejar al aire y remojar,
se me ha hecho añicos,
inútilmente.

AMORFO

Vuelvo a quitarme la piel,
la muerta, la rasgada,
la deshecha...
al ritmo de la sinfonía
inacabada que es la vida misma...

¡INARMÓNICA!

Arcada

En un movimiento compulsivo,
casi incontrolable,
con el cuerpo contorsionado,
salían a borbotones
las palabras, los versos,
las estrofas,
cada línea que te hubiese
dedicado
ahora las devolvía.
Caían,
de mi boca caían,
se esparcían y se confundían.
No quedaba ya constancia
del día, del mes, la hora.
Mi cuerpo rechazaba
aquello que daño causaba.
Al final de unos largos minutos
limpio con el revés de mi mano
aquesta que llamaras
"mi dulce boca",
mientras observo asqueada
lo que fuere un día
manjar divino.

Lágrimas

Se fueron durmiendo poco a poco,
sosegando con el tiempo.
Se fueron secando, aquietando.
Ya no galopan presurosas
al abismo de mis ojos.
Se aprietan en mi pecho.
Son como agua de río,
que van por su cauce
y sólo se desbordan
cuando van en demasía.
A veces amargas,
otras sólo saladas;
siempre inesperadas, cargadas.
Vertiente inocua
de insospechadas emociones
que dice tanto sin decir palabra.

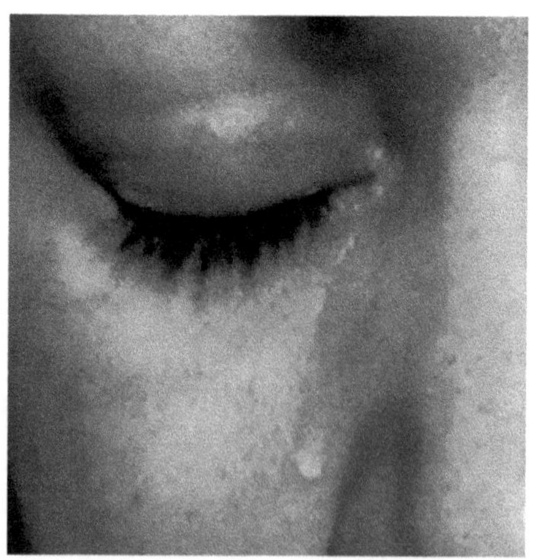

¡Ay!

Ay del silencio
y del tiempo que pasa
dejando huella.

Ay de las horas
en las que sólo sueño
con aquél que fue.

Ay de la vida
que se me hace dura
y tan amarga.

Ay de lo que di
hasta quedar sin nada
entre mis manos.

Ay del lamento
continuo y callado
aquí en el alma.

¡Ay, ay, ay, ay, ay!

Risas sonoras

A oscuras y en la soledad te pienso,
lloro aún cuando juré que ya no lloraría.
¿Por qué me permití volar?
¿Por qué me permití soñar?
Se burlan de mí los fantasmas del pasado...
"Y tú que te creías tan fuerte", me comentan
entre risas sonoras
a la vez, tan calladas.
No sé qué duele más:
si sus risas que calan hondo
o tus silencios cada vez más extendidos.

Yo quise

Se fue,
así como llegó se fue.
Mojaron mis orillas
sus aguas refrescantes;
dejó en mis labios
el dulce sabor de los suyos,
y una sonrisa
que poco a poco
se desvanece.
Suspiros,
profundos y dolorosos suspiros
por lo soñado,
por lo que fue.
Deposité muy pronto
mis miedos en sus manos.
Me dejé enamorar.
Arroparon sus palabras,
sus miradas,
mis momentos.
Fue su presencia
mi debilidad.
Yo quise mimarle, adorarle,
complacerle, distraerle.
Quise mostrarle cuán grande era,

cuán bello era el mundo,

visto desde otros ojos.

Yo quise...

Yo quise...

y él me cerró la puerta.

De madrugada

Todas las almas lloran
de madrugada...
Cuando la cama está fría
y la casa a solas.
Cuando el silencio es agobiante
y la soledad imponente.

Todas las almas lloran
de madrugada...
Cuando falta el beso tibio
y la caricia urgente.
Cuando nadie te espera
y el dolor es inminente.

Todas las almas lloran
de madrugada...
Cuando acecha el recuerdo
y el corazón grita.
Cuando el único amor
es el que en ti habita.

Todas las almas lloran
de madrugada...

Locuaces

Son elocuentes,
cada uno a su forma lo es.
Gozan de una facilidad de palabras
que domina al más sabio.
No sirvieron de nada mis intentos.
Caí rendida a la magia del verbo
personificado en tus labios.
Raptada por una emoción desenfrenada.
Fuiste separando cada pétalo,
deshojándome,
hasta quedar desnudo el tallo,
subiendo cautelosamente
por la cornisa
de mi pecho abierto
para deshojar también mi alma.

Tiempo en alzada

Se detuvo,
el tiempo se detuvo.
No sé por cuánto el péndulo
se mantuvo en alzada.
Tal vez por una fracción de vida,
o la fracción de un beso.
Lo suficiente para que emprendiera
un viaje en retrospectiva
a mis memorias,
a mis dolencias,
a mis momentos.
Volvieron de nuevo mis ojos
a cruzarse con los tuyos.
Sin embargo,
hallé una mirada vacía.
Se erosionaban las imágenes
que de ti tenía.
Me quedo sin palabras,
me quedo suspendida en el trasfondo
con tantas absurdas inquietudes,
justificadas.
Es el miedo,
el que quedó tatuado en mi alma,
en el pasado.

Errante

Hoy voy al trote,
cabalgando por entre las líneas
de nuestra historia
nunca escrita.
Rendida,
sumando los gestos
de aquel rostro sombrío
en versos errantes.
Soy sólo breve susurro
que murió en la puerta
de tus labios.
En aras de este sentimiento,
equívoco,
fecundado de olvido,
de sueños,
sigo recorriendo incansable
las líneas mal escritas.

Visos de falsedad

Fueron incontables
las dádivas obsequiadas,
los besos,
las miradas,
que ésta insensata
depositara en tus manos.
Amalgama de frases de telenovela
y versos robados;
de lágrimas falsas
y poses de modelo de revista
pasada de moda...
Eso recibí a cambio.
Aquella canción
que en algún momento
fue un éxito,
hoy disco rayado.
No, que no hay novedad
ni originalidad
en tus palabras.

Vericuetos del amor

De tantos eclipses de luna
a pleno día
me he quedado ciega.
Encomienda difícil
esta de adorar tu sonrisa
y, sin embargo,
no te soltaría.
Descalza,
casi sin aliento,
he recorrido tus pasos
y se nos llegó el tiempo,
nos derrapamos,
nos abatió la prisa.
Puso a mis pies descalzos
una maleta abierta
llena de hojas rasgadas...
el cuaderno de nuestro amor.
Quité la mordaza
que acongojaba mi alma
y grité a los malos tiempos
que si tuviera que elegir
sin duda seguiría
adorando tu sonrisa.

Vorágine

Ansiedad, exaltación, incertidumbre,
una sed que despierta,
muros que van cayendo,
y el miedo... el miedo.
Las preguntas al qué será
sin respuesta alguna
mas que el tiempo.
El cuerpo que tiembla,
el ausente más presente.
Una puerta... una rendija,
palabras a medias,
lee entre líneas.
La pausa breve, la razón.
Los pies en la tierra,
y el corazón en vuelo.
La tristeza y, a la vez, alegría...
La vorágine.

Tedio

Se despidió en el umbral de la puerta,
dio unos pasos a su futuro
bajo el intenso sol
moviendo lentamente
sus quejumbrosos pies,
y se quejó de frío.
Sin más,
atravesó de nuevo
la puerta que minutos atrás
dejara tras su paso.
No emitió palabra.
Ni siquiera volteó a verla.
Ella no se inmutó.
Había observado esa misma escena,
patética por demás,
recurrentemente,
un sinnúmero de veces,
Se desplomaba nuevamente
en el mismo rincón
(tan predecible).
Camisa de algodón almidonada
y pantalón de mezclilla.
Mutismo total.
Y una vez más

ella fijaba su mirada
perdida
al punto en el cuál
él hubiese detenido su partida
minutos antes...
Maldita suerte.

<u>Diminutivo</u>

Diminutivo,
soy un diminutivo
de lo que antes era.
En tu boca siempre fui
adjetivo,
no siempre el más hermoso.
Muchas veces acompañado
del más cruel adverbio,
como si no bastara
con la crudeza del mismo
en aislamiento.
Dejé de ser
sustantivo propio
para ser sólo
una extensión de ti,
Pasé de ser verbo infinitivo
en voz activa,
a voz pasiva...
siempre a la espera
de ser.
¡HIPÉRBOLE!
Eso fui siempre para ti.

<u>Ciclos</u>

Rabia,
va carcomiendo cada molécula
y despedazándome
a su paso.
Nauseabunda sensación
que se transforma en
tristeza.
Una que
no puedo explicar;
que me nace en las memorias
y se acrecienta
en mi presente.
A paso torpe
se transfigura en
indiferencia.
Por el hoy y el mañana.
No debe ser confundido
con conformismo,
es simplemente que a veces
no me importa.
Y llega un dejo de
esperanza,
de fe...
que me hace verlo todo

con ojos nuevos,
y lanzarme al desafío
con nuevos bríos!
Hasta que me golpea
nuevamente
lo lúgubre, lo egoísta, lo cruel,
y vuelve de nuevo
a mi pecho abierto la
Rabia!

Amonestada

Filosas, como navajas,
son tus palabras.
Van cortando tajantes
cada pequeña ilusión
que guardara en mi alma.
Atiborrada de sueños
decido emprender la marcha
tras de tus ojos.
No tengo luz que me guíe
desde que no me miras.
Desgastada...
Estéril...
Amonestada por una memoria
totalmente inútil.
Causa perdida.
Se ha ido vertiente abajo
todo aquello que fue,
lo que fuere,
pues ya no le atino
al adjetivo correcto.
Y en el vaivén
del ir y venir
de mis desconsuelos
y tus desplantes

se me extraviaron las ganas,

las risas, los gestos,

la vida...

Revoloteo febril

Desmedido, incontrolable,
a tu sólo pensamiento,
a tu proximidad,
tomando control
de las profundidades
de mi cuerpo.
Queda la memoria,
misma que es suficiente
para alborotar mi angustia,
mis instintos más pueriles.
Víctima de un deseo desdeñoso,
de tu corazón esmeril.
Mentira garrafal
que no supieron,
o no quisieron,
ver mis incautos ojos.
Con cruel escarnio
te colaste entre mis entrañas
para ser el único causante
de este indescriptible...

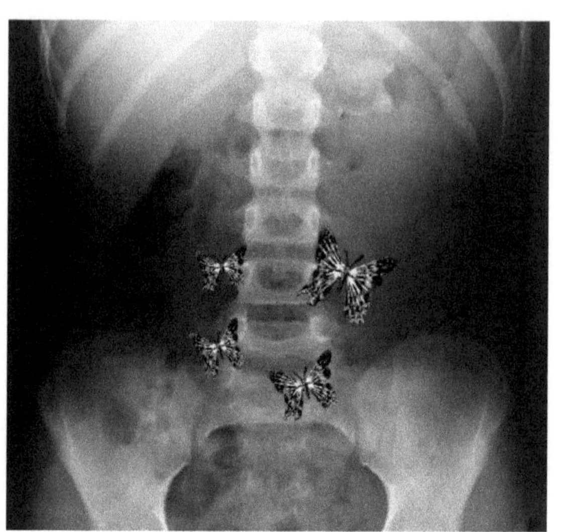

Deseo

Aquello, indeleble,
yacía dormido entre las cuencas,
desvestido ante el fantasma
que le nombrase
a las puertas del olvido.
Fútil, desvalijado,
desgreñado y sumiso
a la espera de lo que nunca llegaría.
Soñando con los ojos abiertos
aquello que se te escapa
mientras duermes.
Fantasmagórico...
aquella voz
que se va callando con el tiempo.
Maldito olvido,
pasa de largo
y no te detengas.
Irreductible en mi pecho,
en mi sangre,
en mi piel.
Aquel aroma que padezco
como esa última memoria,
tan mía,
tan profunda y sólida.

Yo, la mujer muerta que camina,
que te respira, que te sueña,
que te huye y te alucina.
Yo, naufragando en esta realidad
que me consume.

Affair

Encuentros furtivos,
miradas que pasan desapercibidas.
El uno y el otro
en el clandestinaje,
bajo el yugo opresor de las sombras.
A la luz son dos extraños
cuyas brechas no coinciden;
indiferentes, casi invencibles.
Un compromiso grabado en el tiempo,
entre los muelles.
Un pacto de silencio
y secretividad,
sin testigos,
sin papiro.
Un intercambio de lo robado,
de lo prestado,
de lo prohibido.
Pero...
¿robado por quién?
¿Por uno, por el otro,
o por terceros?
¿A quién realmente le corresponde?
Un vaivén,
un ir y venir no definido.

Una rutina,
el miedo, la excitación.
Una culpa,
un arrepentimiento prácticamente falso.
Momentos compartidos
en donde el tiempo se detiene.
Esa espera agónica;
el conformismo;
las promesas que no pueden ser cumplidas;
el cansancio.
Un final que se acerca.
El "ya no quiero",
y el " siempre es lo mismo".
El abrir los ojos
a lo que antes no se quiso ver.
La cruel aceptación.
El vencido, los vencidos,
y el vencedor,
casi ganador.
Todos pierden y todos ganan.
Todo depende.
Y así, sin más,
se da vuelta a la hoja.
Tal vez la historia se repita.
Tal vez sea sólo una pausa.

O tal vez, solo tal vez,

sea el final.

Cuesta arriba

Todo es cuesta arriba,
desde esta ausencia tuya
hasta la lejanía.
Desde este empeño;
desde esta lucha.
Todo es cuesta arriba.
Ansiando una ignorancia
que ya no es posible.
Llamando a gritos al olvido
que me voltea la espalda.
¡Ingrato!
Todo es cuesta arriba.
Desde este constante intento
de suprimirte, de renegarte,
de hundirte y pisotearte
en lo más profundo
de mi memoria.
Indudablemente, sin éxito alguno.
Resurges victorioso,
¿quién sabe de dónde.?
Bailoteas frente a mis ojos cerrados
tu existencia.
Todo es cuesta arriba.
Desde esos ojos extraños

en los cuales no me hallo.
Desde la búsqueda incesante
pero, ¿búsqueda de qué?
¿de algo en lo que no se cree?
de algo en lo que no se quiere creer
de lo que a veces parece imposible,
inasequible, inalcanzable.
Todo es cuesta arriba.
Desde ese oasis que aparece en medio de la nada,
esas visiones
que solo consiguen,
punzantes, herirme el alma.
Desde estos caminos torcidos
que me he dedicado a recorrer
en tu ausencia,
en tu abandono.
¡Todo, todo es cuesta arriba!

Yo me equivoqué

Yo quise darle otro color
a este día gris.
Yo quise pintar mi cielo de azul,
quitar las nubes,
echarlas a un lado completamente.
Yo quise pintar de verde, verde,
verde esperanza mis suelos.
Quise limpiar los caminos,
regar las flores.
Quise perfumar el aire.
Quise enseñarle una nueva canción
a las aves.
Yo quise,
¡Yo quise!
iluminar estos días sombríos.
Yo quise cantarle a la vida.
Yo quise purificar las aguas.
Y quise, yo quise, yo quise...
alegrar tus días.
Yo quise,
yo intente,
seguir tus pasos
aunque eso significara
olvidar los míos.

Yo quise soñar tus sueños,
yo quise, yo quise,
ser parte de ellos.
Yo quise ser ninfa.
Yo quise ser tu estrella,
única en tu horizonte.
Yo quise pintar tus atardeceres
con mis besos.
Yo quise deslumbrar tu alba
con mi sonrisa.
Yo quise,
yo quise alimentarte el alma
con las palabras,
las que tú necesitabas.
Yo quise,
yo creí,
yo me equivoqué.

<u>Tú</u>

Tú, la infame.
Tú, la mártir.
Tú, la ensoñación corpórea.
La idealizada, la inútil, ¡Tú!
Tú, el silencio absurdo.
Tú, la estúpida, la fatalista, la sumisa, ¡Tú!
Tú, la desprotegida, la desamparada.
Tú, la desubicada, la desposeída.
La nube efímera, la desierta, ¡Tú!
Tú, la que se sueña soñando despierta, tú...
Tú, la estoica.
Tú, el suspiro ahogado, el llanto contenido, ¡Tú!
Tú, la onírica.
Tú, la alucinada.
Tú, la Teodora, la Bianca, la Inés, ¡Tú!
Tú, la Isis.
Tú, la Danna.
Tú, la legítima, la columna, ¡Tú!
Tú, la variable.
Tú, la constante.
Tú, una y muchas...
¡Tú!

Limosnera

En medio del libertinaje
de tu boca lisonjera,
infame como brisa otoñal en primavera,
libre como verso
cortadas las cadenas de la represión,
me desplazo, limosnera,
recaudando las dádivas
que has negado.
Exhaustivo el verbo
que colinda en la fisura
de tus infieles labios.
Acorralada en el acto
de la oquedad de mis manos.
Raído, desecho el sujeto.
Magistral en su tragedia,
en su oscurantismo.
Amante ilusa extasiada
en su locura; negación.
El yo ausente
sumido en las catacumbas
de su alma perdida;
razón y lógica castradas.
El tiempo naufragando,
así como tú en callejuelas de seducción,

así como yo, renuente, en tu recuerdo.
Absurda, entre dos mundos paralelos;
ausente presente en tu desvelo
y en mis concavidades;
desconocida.

Datos biográficos

Betzabeth Walesca Pagán Sotomayor

(1978-)

Nací en Aibonito, Puerto Rico, el 25 de junio de 1978 en el Hospital Menonita. Crecí y comencé la escritura de mis poemas en Jayuya. Son mis padres Bienvenido Pagán Gracia y Myrna Iris Sotomayor Torres. Ambos jayuyanos y educadores, mis pilares. Tengo 8 hermanos y hermanas: Héctor, Marla, Eric, Edgar, Roberto, Ingrid, Josué Alejandro, y Naydimar, a quienes amo. Graduada de la Escuela Superior Josefina León Zayas de Jayuya en el 1995, Clase Suigeneris. En el año 2004 completé mis estudios universitarios en Educación Elemental en la Universidad de Puerto Rico. Trabajé por tres años con el Programa de Alfabetización del Departamento de Educación de Puerto Rico. En el año 2007 me mudé a Dallas para trabajar como Maestra de Nivel Elemental con el Distrito Escolar de Dallas. Soy madre de dos hermosos niños, Urayoán André y Bayoán Joel, por quienes aún me mantengo en pie de lucha. Soy jayuyana, madre, maestra, y mujer. Comencé a escribir poemas cuando tenía aproximadamente unos 7 años. Cada paso en mis 33 años han hecho de mí la persona que hoy soy. Perdono mi pasado, abrazo mi presente, y camino con firmeza a mi futuro.

www.ingramcontent.com/pod-product-compliance
Ingram Content Group UK Ltd.
Pitfield, Milton Keynes, MK11 3LW, UK
UKHW020230250726
13967UKWH00001B/293